English-Norwe

MW00880593

*By Harald Pennson*

Copyright © 2014, 2015 Harald Pennson

1

When you travel, use the native language as much as you can! This book will help translate English to Norwegian during your visit to Norway. At the beginning there is a pronunciation guide to help you learn the sounds. Use the table of contents to choose the types of phrases you need. The most common words in English, including common verbs and their conjugations, are presented here. Common expressions used while traveling are shown. Each entry has a pronunciation guide to help you pronounce the words better. All the entries are numbered and there is an index to help you look for the words you need. There is also an index in Norwegian!

Ha det bra og lære Norsk!
*Enjoy learning Norwegian!*

Norway Names and Examples:
Say it Like a Native


Norway **Norge** (noor-gay)

Oslo **Oslo** (oo-shlow)

Bergen **Bergen** (Bare-gen)

Tromsø **Tromsø** (Trum-suhh)

Trondheim **Trondheim** (Truhnn-heim)

Ski **ski** (shee)

Storgata **Storgata** (stoor-gah-tah)

Karl Johans Gate (Karl Joo-hans-gah-tah)

Vigelandspark (vee-gel-lahnds park)

When you are in rural areas, you may hear pronunciation vary with local dialects. For example:

Meg= **megg** instead of my

Hva= **Kva** instead of vah

Table of Contents

# Pronunciation guide

This is Norwegian alphabet. At the end there are three vowels that are not found in English.

A    ahh

B    bay

C    say

D    day

E    euh

F    eff

G    jay

H    hoh

I    eee

J    yoh

K    koh

L    ell

M    emm

N    enn

| | |
|---|---|
| O | oo |
| P | pay |
| Q | kue |
| R | air |
| S | ess |
| T | tay |
| U | ooo |
| V | vay |
| W | doobelt-vay |
| X | ex |
| Y | eey |
| Z | zedt |
| Å | oh |
| Æ | eah- as in the sound yeah |
| Ø | ehr |

# Introductions

1. Welcome to Norge!
**Velkommen til Norge!**
*vell-common till noor-gay*

2. Hello. **God dag!** *Goo dog!*

3. Hi. **Hei.** *Hi-ee*

4. Good morning. **God morn.** *Goo morn*

5. Good day. **God dag.** *Goo dog*

6. Good afternoon. **God ettermiddag.**

7. Good evening. **God kveld.** *Goo kah-vell*

8. Good night. **God natt.** *Goo knot.*

9. See you in the morning.
**Vi sees i morn.** *Vee see-es ee morn.*

10. Bye **Ha det** *Ha deh*

11.  How are you?     **Hvordan har du det?**

12.  I am well.     **Jeg har det bra**

13.  I am alright.
**Det går bra.**
*Day gore bra*

14.  What's new?     **Hvordan går det?**

15.  Nice to see you.     **Hyggelig å se deg.**  No one says this in Norway, but it is correct.
*Higg-ely oh say die*

16.  How may I help you?
**Kan jeg hjelpe deg?**
*Kann yi hyel-pah die?*

17.  Welcome.  What is your name?
**Velkommon.  Hva heter du?**
*Vel kommin.  Vah hyetter doo?*

18.  My name is….
**Jeg heter …..**  *Yi hyet-ter….*

19. Where are you from?
**Hvor kommer du fra?**
*Voor kom-mer doo frah?*

20. I come from …

…England.
**Jeg kommer fra England.**

…USA     …**fra USA.** *(oo-ess-ahh)*

…Germany.     **fra Tyskland.**

…Japan.     **fra Japon.**

21. Excuse me.     **Unnskyld**     *Oon-shill*

22. Thank you.     **Takk**     *talk*

23. Many thanks     **Tusen takk.**     *Too-sen talk.*

24. You're welcome.
**Bare hyggelig**
*Bar-rah hig-gel-ee*

25. It's nothing.     **Ingen ting.**     *Ing-en  ting*

26. It was nothing. **Det var ingen ting.** *Day var ing-en ting.*

27. Please. **Vaer saa snill** *vash-o-sneel*

28. Sorry. **Beklager** *beh-clog-ger*

## Talking about Family

29. This is my family.
    **Dette er familien min.**
    *Dett-tah are fam-eel-ian meen.*

30. This is my husband.
    **Dette er mannen min.**
    *Dett-tah are man-nen meen.*

31. This is my wife.
    **Dette er kona mi.**
    *Dett-tah are ko-na mee.*

32. This is my son.
    **Dette er sønnen min.**
    *Dett-ta are son-nen meen.*

33. This is my daughter.
    **Dette er dottera mi.**
    *Dett-ta are dott-er-ah mee.*

34. These are my children.
    **Disse er barne mine.**
    *Dee-ssah are barn-ah meenah.*

35. We are relatives.
**Vi er slektinger**.
*Vee are shlek-ting-er*

36. He is from my family.
**Han er fra familien min.**

37. She is from my family.
**Hun er fra familien min.**

38. He is my friend.
**Han er vennen min**
*Hahn are venn-en meen*

39. She is my friend.
**Hun er min venn.**

40. He is my boyfriend.
**Han er kjæresten min**
*Hahn are hyah-shire-esten meen*

41. She is my girlfriend.
**Hun er kjæresta mi.**

42. He is my father.
   **Han er faren min**

43. She is my mother.
   **Hun er mora mi.**
   *Hoon are moo-rah mee*

44.  What is your citizenship?
**Hva er ditt statsborgerskap?**
*Vah are deet stahts-boor-gerr-skahp*

45.  What brings you to Norway?
**Hvorfor kommer du til Norge?**
*Voor-foor come-err doo till noor-gay?*

46.  I have come to visit your country.
**Jeg har kommet å besøke landet ditt.**
*Yi harr come-ette oh beh-she-keh lah-nett deet.*

47.  I am here to visit the fjords.
**Jeg besøker å se på Fjordane.**
*Yi beh-sehr-ker oh say po fyoor-dah-neh*

48.  I am here to see the midnight sun.
**Jeg har kom å se den midnatt sol.**
*Yi har come oh say den mid-nott sole.*

49.  We are here on our honeymoon.
**Vi er her på bryllupsreise våre.**
*Vee are harr poh bree-lupps-rice-ah vore-eh*

50.  How long will you be staying?
**Hvor lenge skal du reste?**
*Voor leng-ah skal doo rest-ah?*

51.  I will be staying here for one week.
**Jeg skal bo her i en uke.**
*Yi skall boo har ee enn oo-kah.*

52.  Can you speak in English?
**Kan du snakke på engelsk?**
*Can doo shnakka poh en-gelsk?*

Perhaps the response will be in English!

Otherwise: **Nei, jeg kan ikke engelsk.**
*Nie, yi can ik-keh eng-gelsk*

53.  What languages do you speak?
**Hvilket språk kan du?**
*Vill-kett sprock can doo?*

54.  Sorry, I do not understand.
**Det forstår jeg ikke.**
*Day forsh-tore yi ik-ka*

55.  Would you repeat that please?
**Kan du si det en gang til?**
*Can doo see deh enn gong teel?*

56.  Sorry, I do not speak English.
**Jeg kan ikke engelsk.**

57.  Do you speak English?
**Kan du snakke engelsk?**

*Can doo schnak-keh engelsk?*

58.  Do you speak Spanish?
     **Snakker du spansk?**
     *Schnak-ker doo spahnsk?*

59.  Yes, I speak Spanish.
     **Ja, jeg snakker spansk.**

60.  Do you speak French?
     **Kan du snakker fransk?**

61.  Yes, I can speak English.
     **Ja, jeg kan snakke på engelsk.**


Signs in storefronts and restaurants may show the words:

English spoken.      **Engelsk snakkes.**

German spoken.      **Tysk snakkes**

French spoken.      **Fransk snakkes**

## Common phrases

62. Yes **Ja** *yah*

63. No **Nei** *nigh*

64. Not **Ikke***Ik-kah*

65. Never **Aldri** *all-dree*

66. Always **Alltid** *all-tee*

67. Please **Vær så snill** *vash-o sneel*

68. Thank you **Takk** *talk*

69. Help **Hjelp meg** *ha-yelp my*

70. You're welcome **Velkommen!** *Vell-come-in*

71. Really? **Sier du det?** *See-air doo deh?*

72. Isn't it? **Ikke sant?** *Ik-kah sont?*

73. mistake **feil** *file*

74. Where is? **Hvor er?** *Voor are?*

75. What is? **Hva er?** *Vah are?*

76. When is? **Når er ?** *Nore are?*

77. Where is the toilet?
**Hvor ligger den WC?**
*Voor lee-gerr den vay-say?*

78. What is this? **Hva er dette?**
*Vah are deh-tah?*

79. How much does that cost?
**Hva koster den?**
*Vah kost-er den?*

80. Which direction is that?
**Hvilket vei er det?**
*Vill-ket vie are deh?*

81. What time is it? **Hva er klokka nå?**
*Vah are klok-kah know?*

82. Today **I dag** *ee dog*

83. Tomorrow     **I moro**     *ee more-oh*

84. Yesterday     **I går**     *ee gore*

85. Last night     **I går kveld**     *ee gore kvell*

86. Would you repeat that?
   **Kan du si det en gang til?**

87. Do you speak English?
   **Snakker du engelsk?**

88. I am a foreigner.  Can you help me?
   **Jeg er en utlending.  Kan du hjelpe meg?**
   *Yi are enn oot-lenning.  Kahn doo huh-yelp-eh my?*

# Top 100 Words in written English

| | | | |
|---|---|---|---|
| 89. | The | **Det** | *Deh* |
| 90. | Be | **Er** | *Are* |
| 91. | To | **Til** | *Till* |
| 92. | Of | **til** | *till* |
| 93. | And | **og** | *ohg* |
| 94. | A | **et / en** | *ett / enn* |
| 95. | In | **i** | *ee* |
| 96. | That | **det** | *deh* |
| 97. | Have | **har** | *harr* |
| 98. | I | **jeg** | *yi* |
| 99. | It | **det** | *deh* |
| 100. | For | **for** | *foorr* |

| | | |
|---|---|---|
| 101. Not | **ikke** | *ick-kah* |
| 102. On | **på** | *poh* |
| 103. With | **med** | *meh* |
| 104. He | **han** | *hahn* |
| 105. As | **som** | *some* |
| 106. You | **du** | *dooo* |
| 107. Do | **gjør** | *yerr* |
| 108. At | **på** | *poh* |
| 109. This | **dette** | *deh-tah* |
| 110. But | **men** | *men* |
| 111. His | **hans** | *hahns* |
| 112. Because | **fordi** | *four-dee* |
| 113. From | **fra** | *frah* |

| | | |
|---|---|---|
| 114. They | **de** | *dee* |
| 115. We | **vi** | *vee* |
| 116. Say | **si** | *see* |
| 117. Her | **hun** | *hoon* |
| 118. She | **hun** | *hoon* |
| 119. Or | **eller** | *ell-err* |
| 120. An | **det / den** | *deh /den* |
| 121. Will | **vil** | *vill* |
| 122. My | **mitt / min** | *meet / meen* |
| 123. One | **en** | *enn* |
| 124. All | **alle** | *all-eh* |
| 125. Would | **ville** | *vill-ah* |
| 126. There | **der** | *darr* |

| | | |
|---|---|---|
| 127. Their | **deres** | *der-rehs* |
| 128. What | **hva** | *vah* |
| 129. So | **så** | *soh* |
| 130. Up | **opp** | *oop* |
| 131. Out | **ut** | *oot* |
| 132. If | **si** | *see* |
| 133. About | **om** | *oom* |
| 134. Who | **hvem** | *vehm* |
| 135. Get | **får** | *fore* |
| 136. Which | **hvilket** | *vill-kett* |
| 137. Go | **gå** | *goh* |
| 138. Me | **meg** | *my* |
| 139. When | **når** | *nore* |

140. Make **lager** *lah-gerr*

141. Can **kan** *kahn*

142. Like **liker** *lee-kerr*

143. Time **tid** *teed*

144. No **nei** *nye*

145. Just **bare** *bahr-re*

146. Him **ham** *hahm*

147. Know **kjenner** *hyuh-shenner*

148. Take **tar** *tarr*

149. People **mennesker** *men-esk-err*

150. Into **inn** *eenn*

151. Year **år** *oar*

152. Yours (masculine) **din** *deen*

153. Yours (neuter) **ditt** *deet*

154. Yours (plural) **deres** *dehr-res*

155. Truly **virkelig** *veer-kell-ee*

156. Good **god/ godt** *goo / ghoht*

157. Some **noen** *noh-enn*

158. Could **kunne** *koo-nah*

159. Them **dem** *demm*

160. See **viser** *vee-ser*

161. Other **andre** *an-drah*

162. Than **enn** *enn*

163. Then **deretter** *dehr-ett-her*

164. Now **nå** *noh*

165. Look **se** *say*

| | | |
|---|---|---|
| 166. Only | **bare** | *barr-ah* |
| 167. Come | **kom** | *komm* |
| 168. Its | **dens** | *dens* |
| 169. Over | **over** | *oo-vehr* |
| 170. Think | **tenk** | *tehnk* |
| 171. Also | **også** | *ohg-so* |
| 172. Back | **bak** | *bahk* |
| 173. After | **etter** | *ett-her* |
| 174. Use | **bruke** | *broo-keh* |
| 175. Two | **to** | *too* |
| 176. How | **hvordan** | *voor-dahn* |
| 177. Our | **vår** | *voreh* |
| 178. Work | **arbeid** | *are-bide* |

| | | |
|---|---|---|
| 179. First | **første** | *firsh-teh* |
| 180. Well | **godt** | *ghoht* |
| 181. Way | **vei** | *vie* |
| 182. Even | **til og med** | *till oh medd* |
| 183. New | **ny / nytt** | *nee / neet* |
| 184. Want | **vil** | *vill* |
| 185. Because | **fordi** | *fore-dee* |
| 186. Any | **noe** | *noah* |
| 187. These | **disse** | *dee-seh* |
| 188. Give | **gi** | *ghee* |
| 189. Day | **dag** | *dog* |
| 190. Most | **mest** | *mehst* |
| 191. Us | **oss** | *ooss* |

## Common Nouns

192. Time  **tid**  *tee*

193. Person  **person**  *per-shuhn*

194. Year  **år**  *oar*

195. Way  **vei**  *vie*

196. Day  **dag**  *dog*

197. Thing  **ting**  *ting*

198. Man  **mann**  *mahn*

199. World  **jorda**  *yoor-rah*

200. Life  **liv**  *leeve*

201. Hand  **hånd**  *hohnd*

202. Part  **del**  *dell*

203. Child  **barn**  *barn*
204. Eye  **øye**  *oy-ah*

205. Woman **kvinne** *kuh-vin-nah*

206. Place **sted** *sted*

207. Work **arbeid** *are-bide*

208. Week **uke** *oo-keh*

209. Case **sake** *sah-keh*

210. Point **punkt** *pooh-nkt*

211. Government **regjering** *rey-yer-ring*

212. Company **selskap** *sell-skahp*

213. Group **grupp** *group*

214. Problem **problem** *prah-blem*

215. Fact **faktisk** *fahk-teesk*

## Verbs

### 216. **To Be   å være**

| I am | **jeg er** | *yi are* |
|------|-----------|----------|
| You are | **du er** | *doo are* |
| You are (plural) | **deres er** | *der-ehs are* |
| He is | **han er** | *hahn are* |
| She is | **hun er** | *hoon are* |
| We are | **vi er** | *vee are* |
| I was | **jeg var** | *yi varr* |
| You were | **du var** | *doo varr* |
| They were | **de var** | *dee varr* |

### 217. **To Have   å ha**

| I have | **jeg har** | *yi harr* |
|--------|-----------|-----------|
| You have | **du har** | |
| You have (plural) | **de har** | |
| He has | **han har** | |

| She has | **hun har** | *hoon harr* |
|---|---|---|
| We have | **vi har** | |
| They have | **de har** | |
| I had | **jeg hadde** | *yi hahd-deh* |
| You had | **du hadde** | |
| They had | **de hadde** | *dee hahd-deh* |

## 218. <u>To Do   å gjøre</u>

| I do | **jeg gjør** *yi yerr* |
|---|---|
| You do | **du gjør** *doo yerr* |
| You do (plural) | **de gjør** |
| He does | **han gjør** |
| She does | **hun gjør** |
| We Do | **vi gjør** *vee yerr* |
| They Do | **de gjør** |
| I did | **jeg gjorde** *yi yoor-deh* |
| You did | **du gjorde** *doo yoor-deh* |

You did (plural)    **de gjorde**

We did    **vi gjorde**

They did  **de gjorde**


219. <u>**To Say   å si**</u>

I say            **jeg sier**   *yi see-err*

You say          **du sier**

You say (plural)    **de sier**

He says          **han sier**

She says         **hun sier**

We say           **vi sier**

I said           **jeg sa**    *yi saw*

You said         **du sa**

She said         **hun sa**

We said          **vi sa**


220. <u>**To Get   å få**</u>

I get     **jeg får**   *yi fore*

You get   **du får**

He gets   **han får**

She gets   **hun får**

We get   **vi får**

I got     **jeg fikk**   *yi feek*

You got   **du fikk**

She got   **hun fikk**

We got   **vi fikk**


## 221. <u>To Make   å lage</u>

I make         **jeg lager** *yi lah-gehr*

You make       **du lager**

She makes      **hun lager**

We make        **vi lager**

I made         **jeg lagde** *yi log-deh*

You made       **du lagde**

She made **hun lagde**

We made **vi lagde**

## 222. **To Go    å gå**

I go        **jeg går**   *yi gore*

You go   **du går**

She goes **hun går**

We go    **vi går**

I went    **jeg gikk**  *yi yeek*

You went **du gikk**

She went **hun gikk**

We went **vi gikk**    *vee yeek*

## 223. **To Know    å vise**

I know        **jeg vet**   *yi veht*

You know    **du vet**

We know     **vi vet**

She knows **hun vet**

I knew **jeg visste** *yi veese-teh*

You knew **du visste**

We knew **vi visste**


## 224. <u>To Take   å ta</u>

I take **jeg tar** *yi tarr*

You take **du tar**

We take **vi tar**

She takes **hun tar**

I took **jeg tok** *yi took*

You took **du tok**

We took **vi tok**


## 225. <u>To See / To look   å se</u>

I see **jeg ser** *yi sehr*

You see **du ser** *doo sehr*

I saw    **jeg så**    *yi so*

## 226. <u>To Come  å komme</u>

I come /am coming    **jeg kommer**

I came    **jeg kom**  *yi come*

## 227. <u>To Think   å tenke</u>

I think    **jeg tenker**    *yi tenk-ehr*

I thought **jeg tank**  *yi tahnk*

## 228. <u>To Want  å ville</u>

I want    **jeg vil**    *yi vill*

I would like    **jeg ville**  *yi vill-ah*

You want    **du vil**

I wanted    **jeg vant**  *yi vahnt*

## 229. <u>To Give   å gi</u>

I give     **Jeg gir**    *yi geer*

You give **Du gir**

She gives **Hun gir**

We give   **Vi gir**

I gave     **Jeg gav**   *yi gahv*

You gave **Du gav**

We gave **Vi gav**


230. <u>**To Use   å bruke**</u>

I use      **jeg bruker**    *yi broo-kehr*

You use   **du bruker**

We use    **vi bruker**

I used     **jeg brukte**    *yi brook-the*


231. <u>**To Find   å finne**</u>

I find        **jeg finner**

Your find    **du finner**

I found      **jeg fant**  *yi fahnt*

## 232. <u>To Tell  å fortelle</u>

I tell     **jeg forteller**

I told    **jeg fortalt**

## 233. <u>To Ask  å spørre</u>

I ask **jeg spør**  *yi spehr*

I asked   **jeg spørte**    *yi spehr-the*

## 234. <u>To Work  å jobbe</u>

I am working  **jeg jobber**   *yi yah-ber*

It is working /it works   **Det går**

You are working   **Du jobber**

I worked     **jeg jobbet**

You worked   **du jobbet / du arbeidet**

## 235. <u>To Seem/Feel/believe  å syne</u>

I seem    **Jeg synes**    *yi sinn-ess*

You seem    **Du synes**

I seemed   **jeg syntes**    *yi sint-ess*

## 236. <u>To Feel   å føle</u>

I feel    **Jeg føler** *yi full-er*

You feel   **Du føler**

We feel   **vi følte**

I felt`    **jeg følte**   *yi full-teh*

You felt   **du følte**

## 237. <u>To Try   å prøve</u>

I try     **jeg prøver**    *yi preh-verr*

You try    **du prøver**

We try    **vi prøver**

I tried    **jeg prøvde**    *yi prehv-deh*

You tried **Du prøvde**    *doo prehv-deh*

We tried  **Vi prøvde**

## 238. <u>To Leave   å dra</u>

I am leaving   **jeg drar** *yi drarr*

I left   **jeg dro** *yi droo*

## 239. <u>To Call   å kalle</u>

I am calling   **jeg kaller**   *yi kall-er*

You call   **du kaller**

I called   **jeg kalte** *yi kall-teh*

She called   **Hun kalte**

We called   **Vi kalte**

## 240. <u>To Become   å bli</u>

I am becoming   **jeg blir**

I became   **jeg ble**

## Past participle

When you want to say, I have done, or I have been, Norwegian is similar to English. Use the verb to have followed by a special version of the following verb. For example-

I have made **Jeg har laget** *yi harr lahg-ett*

I have gotten **Jeg har fått** *yi harr foht*

I have taken **Jeg har tatt** *yi harr taht*

I have tried **Jeg har prøvd** *yi harr prehvd*

I have been **Jeg har vært** *Yi harr vart*

I have felt **Jeg har følt** *yi harr fullt*

I have left **Jeg har forlatt** *yi harr foorlatt*

I have worked **Jeg har jobbet**

I have seen **jeg har sett** *yi haarr sett*

I have said **jeg har sagt** *yi harr sahtt*

I have wanted **Jeg har ønsket**

I have had **Jeg har hatt**

# Adjectives

Masculine-feminine/neuter/plural

241. Good     **god /godt/ gode**

242. New     **ny / nytt / nye**

243. First     **første**

244. Last     **sist / sist / siste**

245. Long     **lang / langt/ lenge**

246. Great     **stor / stort / store**
247. Little     **lite / litt / små**

248. Own     **egen / eget/ egene**

249. Other     **annen / annet / andre**

250. Old     **gammel / gammelt/ gamle**

251. Right     **riktig/ riktig / riktige**

252. Big     **stor / stort / store**

253. High **høy / høyt / høye**

254. Different
**forskellig / forskellig / forskellige**

255. Small **lite / litt / små**
256. Large **stor**

257. Next **neste**

258. Early **tidlig**

259. Young **unge**

260. Important **viktig**

261. Few **noen**

262. Public **offentlig**

263. Bad **dårlig**

264. Same **samme**

265. Able **stand**

# Prepositions

In Norwegian, prepositions vary with context.
They are often used incorrectly by foreigners.
Do not expect to master these using this manual.

266. To       **til**

267. Of       **av**

268. In       **i**

269. For      **for**

270. On       **på**

271. With     **med**

272. At       **på**

273. By       **ved**

274. From     **fra**

275. Up       **opp**

276. About    **om**

277. Into    **inn**

278. Over    **løpet**

279. After    **etter**

280. Beneath    **under**

281. Under    **under / etter**

282. Above    **overfor**

## Other Words

283. The     **den**

284. And     **et**

285. A     **en**

286. That     **det**

287. I     **jeg**

288. It     **det**

289. Not     **ikke**

290. He     **han**

291. As     **som**

292. You     **du**

293. This     **dette**

294. But     **men**

295. His     **hans**

296. They     **de**

297. Her     **hun**

298. She     **hun**

299. Or       **eller**

300. An       **en**

301. Will      **vil**

302. My       **min**

303. One       **en**

304. All       **alle**

305. Would    **ville**

306. There     **der**

307. Their     **deres**

308. You       **du**

309. You (plural)   **De**

310. Me       **meg**

311. We       **Vi**

312. That      **Det**

313. Mine     **Min** / **Mitt** / (plural **mine**)

314. Yours    **Din / Deres**

315. More     **mer**

316. Less **mindre**

317. Too much **for mye**

318. Too little **for mindre**

319. A lot **masse**

320. Nothing **ingen**

321. Several **flere**

322. Many **mange**

323. Most **mest**

324. Least **mindre**

325. Entrance **inngang**

326. Exit **utgang**

327. Do not cross **ikke krysser**

328. Danger **fare** *far-ah*

329. Forbidden **forbudt**

330. Stop **stopp**

331. Go /walk **gå**

332. Luggage **bagasjen**

333. Customs / customs house **toll**

334. Passport **pass**

335. Cash **kontant**

336. Change **småpenger**

# Directions

337. Where is the beach?
**Hvor er stranden?**
*Voor are strahn-dehn?*

338. Where is the entrance?
**Hvor er inngangen?**
*Voor are inn-gahng-en?*

339. It is that way
**Det er på den måten.**
*Day are poh denn moh-tehn*

340. How far is it to walk?
**Hvor langt er det å gå?**

341. It is 2 kilometers
**Det er to kilometer.**

342. East      **øst**

343. West      **vest**

344. North      **nord**

345. South      **sør**

# Hobbies and Occupations

346. I like to ride a bicycle.
**Jeg liker å sykkel.**

347. I like to run.   **Jeg liker å jogge.**

348. I enjoy shopping.
**Jeg liker å vare på butikk.**
*Yi lee-ker oh var-rah poh boo-teek.*

349. I enjoy traveling.   **Jeg liker å reise.**

350. I enjoy movies.   **Jeg liker å se på film.**

351. I operate a business.
**Jeg driver en virksomhet**
*Yi dreevehr enn veerk-some-hett*

352. I work in an office.
**Jeg jobber på et kontor**

353. I work for a bank.
**Jeg jobber på en bank.**

354. I work as a lawyer.
**Jeg er en advokat.**

355. I am a doctor.
**Jeg er en lege.**
*Yi are enn legg-eh*

356. I am an engineer.
**Jeg er en ingeniør.**

357. I am a baker.
**Jeg er en baker.**

358. I am a salesperson.
**Jeg er en selger.**

359. I am a scientist.
**Jeg er en vitenskapsmann.**

360. I am a teacher.
**Jeg er lærer.**

361. I am a cook.
**Jeg er en kokk.**

362. I am an accountant
**Jeg er en regnskapsfører**

363. I am a writer.
   **Jeg er en forfatter**

364. I am a musician.
   **Jeg er en musiker**

365. I am retired.
   **Jeg er pensjonert.**
   *Yi are penn-shunn-ert*

## Academic Subjects

366. Chemistry    **kjemi**

367. Biology    **biologi**

368. Physics    **fysikk**

369. Mathematics    **matematikk**

370. Literature    **litteratur**

371. Film    **film**

372. Theater    **teater**

373. Dance      **dans**

374. Philosophy      **filosofi**

375. Health      **helse**

376. Medicine      **medisin**

377. Psychology      **psykologi**

378. Music      **musikk**

379. History      **historie**

# At the beach / waterfront

380. Is it alright if we set down here?
**Er det greit om vi sitter her?**

381. Sand    **sand**    *sahn*

382. Water    **vann**    *vahnn*

383. Waves    **bølger**

384. Tide    **tidevannet**

385. Tree    **tre**    *tray*

386. Beach Towel    **strandhåndkle**

387. Chair    **stol**    *stool*

388. Swimsuit    **badedrakt**

389. Bikini    **bikini**    *bee-kee-nee*

390. Umbrella **paraply**    *pa-rah-plee*

391. Glasses    **briller**    *bree-lehr*

392. Sunglasses **solabriller**
*so-lah-bree-lehr*

393. Drinking fountain **drikkefontene**

394. Snack shop /treats **godbiter**

395. How cold is the water?
**Hvor kaldt er vannet?**
*Voor kald-t are vahn-nett?*

396. Are there any fish here?
**Er det noe fisker her?**
*Are deh noah fisk-eh harr?*

397. Where have all these stones come from?
**Hvor har alle disse steinene kommer fra?**
*Voor harr all-leh dees-eh stein-eneh komm-er frah?*

398. May I stand here out of the rain?
**Kan jeg stå her ut av regn?**
*Kahn yi stow harr oot avv rein?*

399. Olympics **OL,** or **Olympiske Lekene**

400. FIFA World Cup **VM,** or **VerdensCup**

401. Football  **football**

402. Kick  **spark**

403. Offside  **off side**

404. Goal **mål**

405. Corner kick  **corneren**

406. Penalty  **straff**

407. Striker  **spiss** or striker

408. Midfielder  **midtbane**

409. Defender  **forsvareren**

410. Goal tender  **kyperen**

411. Cross country skiing **gå på ski**

412. Downhill skiing **kjøre slalom**

413. Track and field     **friidrett**

414. Volleyball     **volleyball**

415. Gymnastics     **gymnastikk**

416. Golf   **golf**

417. Tennis     **tennis**

418. Who do you think will win this event?
**Hvem tror du vil vinne denne hendelsen?**
*Vemm trohr doo vill vin-neh den-neh hendell-sehn?*

419. Would you like to make a wager?
**Ønsker du å gjøre en innsats?**
Unn-sker doo oh yerr-eh enn inn-sahts?

420. Would you tell me where the ATM is
    located?
    **Ville du fortelle meg hvor ATM ligger?**
    *Vill-eh doo for-telleh my voor ah-tay-emm
    lee-gerr?*

421. Would you tell me where the bank is
    located?
    **Ville du fortelle meg hvor banken ligger?**

422. Hello.  I would like to make a currency
    exchange.
    **God dag.  Jeg ønsker å gjøre en
    valutaveksling.**
    *Good dog.  Yi unn-skerr oh yerr-eh enn vahl-
    oot-avv-ex-shling*

423. Where is the ATM?
    **Hvor er ATM?**
    *Voor are ahh-tay-emm?*

424. Would you exchange pounds for kroner?
**Vil du bytte pounds for kroner?**

425. What is the fee for a currency exchange?
**Hva er gebyret for en valutaveksling?**

426. Would you give me a receipt?
**Vil du gi meg en kvittering?**

427. Tax **skatt** *skahtt*

428. Bill **regningen** *rye-ning-en*

429. Would you like to open a new account?
**Ønsker du å åpne en ny konto?**

430. No thank you
**Nei takk.**

# Using a hotel or hostel

431. Good evening. **God kveld.**
*Goo kuh-velld*

432. Do you have any rooms tonight?
**Har du noe rom i kveld?**
*Harr doo noah room eek velld?*

433. How many nights would you like to stay?
**Hvor mange natter har du lyst til å reste?**
*Voor mang-eh knot-ter harr doo luest till oh rest-eh?*

434. Just one night please.
**Bare en natt vær så snill.**
*Barr-eh enn knot vash-oh-sneel*

435. How many beds do you need?
**Hvor mange senger vil du?**
*Voor mang-eh seng-err vill doo?*

436. I will need a room with two beds.
**Et rom med to senger.**
*Ett room meh two seng-er.*

437. Do you want a double bed?
**Vil du ha en dobbeltseng?**
*Vill doo hah enn dub-belt-seng?*

438. I would like a large bed.
**Jeg vil ha en stor seng.**
*Yi vill hah enn stoor seng.*

439. Do you need two single beds?
**Trenger du to enkeltsenger?**
*Treng-err doo two enk-elt-seng-er?*

440. We only need a double bed.
**Vi trenger bare en dobbeltseng**
*Vee tren-er barr-eh enn dub-belt-seng*

441. We need two rooms with two double beds in each.
**Vi trenger to rom med to dobbeltsenger i hver.**
*Vee treng-er two room meh two dub-belt-seng-er ee vare.*

442. Do you have any children?
**Har du noe barn?**
*Harr doo noah barn?*

443. Not tonight.    **Ikke i kveld.**
*Ik-keh eek-velld.*

444. There are two people in my party.
**Det er to personer i mitt parti**
*Deh are two persh-ahn-ner ee meet part-ee*

445. Thank you.    **Takk.**

446. Here is your key.    **Her er nøkkelen.**
*Harr are nukk-ell-en*

447. How much will that cost?
**Hva koster det?**
*Vah kost-er deh?*

448. How much for one night?
**Hva koster en natt?**
*Vah kost-er enn knot?*

449. That will cost 1200 NOK.
**Det vil koste 1200 NOK.**

*Day vill kost-ah toll hoon-dreh kroner.*

450. Would you show me your passport?
**Ville du vise meg passet ditt?**

451. Would you like to use a credit card?
**Ønsker du å bruke et kredittkort?**

452. Yes, here is my credit card.
**Ja, her er kredittkortet mitt.**

453. Would you give me a receipt?
**Vil du gi meg en kvittering?**

454. Here is your receipt.
**Her er kvitteringen.**

455. Thank you.     **Takk.**

456. Are there any restaurants nearby?
**Er det noen restuarants i nærheten?**

457. Do you have an internet connection I may use?
**Har du en Internett-tilkobling jeg kan**

**bruke?**

458. Is there a wireless internet connection?
**Er det en trådløs internettforbindelse?**

459. Hotel          **hotellet**

460. Hostel         **hostel**

461. Pension/B&B  **pensjon**

462. Where is that hotel?
**Hvor er det hotellet?**

## Ordering food: Bestille Mat

463. I would like to sit down for a meal.
**Jeg ønsker å sitte ned for et maltid.**
*Yi unn-skerr oh sit-teh neh fore ett mal-teed*

464. We have four people.
**Vi har fire personer.**
*Vee harr feer-eh persh-owner*

465. Could I see a menu?
**Kan jeg se en meny?**

466. ...In English?
**....på engelsk?**

467. Would you like something to drink?
**Vil du ha noe å drikke?**

468. Water    **vann**

469. Sparkling water    **vann med kullsyre**

470. Beer    **øl**    *ehl*

471. Wine    **vin**    *vehn*

472. Soda / pop **brus**

473. Juice **saft, jus**

474. Milk **melk**

475. What kind of food is this made of?
**Hva slags mat er dette laget av?**
*Vah shlaks math err deh-the lah-gett ahv?*

476. Can you describe what this is?
**Kan du beskrive hva dette er?**

477. What kind of wine would go well with this?
**Hva slags vin ville gå bra med dette?**

478. Meat **kjøtt** *h-shut*

479. Beef **biff** *beef*

480. Chicken **kylling** *h-shilling*

481. Shrimp **reker** *rekk-her*

482. Fish **fisk** *feesk*

483. Pork     **svin**    *sveen*

484. Salad    **salat**

485. Fruit    **frukt**

486. Apple    **eple**

487. Orange    **appelsinn**

488. Pear    **pære**

489. Banana    **banan**

490. Strawberry    **jordbær**

491. Blueberry    **blåbær**

492. Raspberry    **bringebær**

493. Vegetables    **grønnsaker**

494. Potatoes    **poteter**

495. Carrots    **gulrøtter**

| 496. Corn | **mais** |
| 497. Beans | **bønner** |
| 498. Spinach | **spinat** |
| 499. Broccoli | **brokkoli** |
| 500. Cauliflower | **blomkål** |
| 501. Onions | **løk** |
| 502. Cheese | **ost** |
| 503. Yogurt | **yoghurt** |
| 504. Spices | **krydder** |
| 505. Bread | **brød** |
| 506. Rice | **ris** |
| 507. Nuts | **nøtter** |
| 508. Peanuts | **peanøtter** |
| 509. Walnuts | **valnøtter** |
| 510. Almonds | **mandler** |

## Popular Norwegian foods

511. Salmon          **Laks**

512. Porridge          **Rømmegrøt**

513. Fish soup          **Fiskesuppe**

514. Meatballs          **Kjøttballer**

515. Goat cheese     **Gjetost** or **geitost**

516. Potato-based spirit **Aquavit**

517. Cod fish treated in lye     **Lutefisk**

518. Lamb and cabbage  **Fårikål**

519. Hot dog          **Varmepølse**

520. Reindeer          **Reinsdyr**

521. French fries     **Pommes frites**

522. Would you call a taxi for me?
**Ville du kalle en taxi for meg?**
*Vill-eh doo kall-eh enn tahxi fore my?*

523. Take me to ….. please.
**Ta meg til _____ vær så snill.**
*Tah my till ,,,,,, vash oh sneel.*

524. How much is my cab fare?
**Hvor mye er min cab fare?**
*Voor mia are meen cab fair?*

525. Would you give me some change?
**Vil du gi meg noen endring?**
*Vill doo gee my noen en-dring?*

526. What do people do for entertainment here?
**Hva gjør folk for underholdning her?**
*Vah yerr folk fore oon-der-hold-ning harr?*

527. Is there an English pub nearby?
**Er det en engelsk pub i nærheten?**
*Are deh enn englesk pub ee narr-hyett-en?*

528. I am staying at the Holiday Inn.
**Jeg bor på Holiday Inn.**

*Yi boor poh Holiday Inn.*

529. I am staying at this place on the map. Can
you take me there?
**Jeg bor på dette stedet på kartet. Kan du
ta meg der?**
*Yi boor poh deh-the sted-eh poh kart-ett.
Kahn doo tah my darr?*

# Traveling about the country

530. Is there a shuttle to the airport?
**Er det en shuttle til flyplassen?**

531. Is *this* a shuttle to the airport?
**Er *dette* en shuttle til flyplassen?**

532. Would you help with my luggage?
**Vil du hjelpe med bagasjen min?**

533. How long is this flight?
**Hvor lenge er dette flyet?**

534. I need to change my airline reservation.
**Jeg må endre min flyselskap reservasjon**

535. Could I move to another seat?
**Kunne jeg flytte til et annet sete?**

536. I missed my flight. Would you help me get to this destination?
**Jeg savner mitt fly. Vil du hjelpe meg med å få til dette reisemålet?**

537. I have my baggage with me.
**Jeg har bagasjen min med meg**

538. I appreciate your help.
**Jeg takker deg for din hjelp**

When you board a bus or boat that travels between villages, you may be asked to buy your ticket to your stop, either as you climb aboard, or shortly after.

539. One ticket to Kristiansand.
**Et billet til Kristiansand.**
*Ett bill-ette till Kristiansand.*

540. That will cost 120 kroner.
**Det koster 120 kroner.**
*Deh kost-er ett hundreh kroner.*

541. Ok- here it is.
**Ok- vær så god.**

## Entertainment

542. Is entrance to the park free?
**Inngangen til parken er gratis?**

543. I would like to visit the museum.
**Jeg ville besøke museet.**

544. Just one ticket please.
**Ett enkelt billett vær så snill.**

545. Two tickets for the show please.
**To billetter til showet kan du.**

546. This is where I would like to sit.
**Det er der jeg ønsker å sitte.**

547. Thank you. **Takk.**

# Police and legal problems

548. I do not use drugs.
**Jeg bruker ikke narkotika.**

549. I need to speak with the police.
**Jeg trenger å snakke med politiet.**

550. Someone has stolen my money!
**Noen har stjålet pengene mine!**

551. I cannot find my passport.
**Jeg kan ikke finne passet mitt.**

552. I cannot find my phone.
**Jeg finner ikke telefonen min.**

553. Someone has taken my phone.
**Noen har tatt telefonen min.**

554. I do not have any money.
**Jeg har ikke noen penger.**

555. I am a British citizen.
**Jeg er en britisk statsborger.**

556. You must go to the police station to report what happened.
**Du må gå til politistasjonen for å rapportere hva som skjedde.**

557. Where is the British embassy?
**Hvor er den britiske ambassaden?**

558. I need to speak with a lawyer.
**Jeg trenger å snakke med en advokat.**

559. I need to speak with someone at my embassy.
**Jeg trenger å snakke med noen på min ambassade.**

560. Security  **sikkerhet**

561. Criminal  **kriminell**

562. Jail  **fengsel**

563. Police  **politiet**

564. Police station  **politistasjonen**

# Weather:    Været

565. It is too hot    **det er for varmt**

566. It is too cold    **det er for kaldt**

567. It is raining    **det regner**

568. It is overcast    **det er overskyet**

569. It is sunny    **sola skinner**

570. It is windy    **det blåser**

571. It is humid    **det er fuktig**

572. Umbrella    **paraply**

573. Shelter    **ly**

574. What is the temperature?
    **Hva er temperaturen?**

575. What is the forecast tomorrow?
   **Hva er det i moro?**

576. Do you expect rain today?
   **Skal det regne i dag?**

577. Do you know when this rain will end?
   **Når vil regnet slutten?**

578. It is such a nice day today!
   **Det er så fint i dag!**
   *Deh are so feent i dog!*

## Time: Tid

579. What day is it today?
   **Hvilken dag er det I dag?**

580. Monday          **mandag**

581. Tuesday         **tirsdag**

582. Wednesday       **onsdag**

583. Thursday        **torsdag**

584. Friday          **fredag**

585. Saturday        **lørdag**

586. Sunday          **søndag**

587. What time is it?    **Hva er klokka nå?**

588. What is the date?
   **Hva er datoen?**

# Counting / Numbers

589. One  **en**  *enn*

590. Two  **to**  *too*

591. Three  **tre**  *tray*

592. Four  **fire**  *feer-ah*

593. Five  **fem**  *fem*

594. Six  **seks**  *sex*

595. Seven  **sju**  *shoe*

596. Eight  **åtte**  *ah-teh*

597. Nine  **ni**  *knee*

598. Ten  **ti**  *tee*

599. Eleven  **elleve**  *ell-veh*

600. Twelve  **tolv**  *toll*

601. Thirteen **tretten** *trett-enn*

602. Fourteen **fjorten** *fee-yort-enn*

603. Fifteen **femten** *femm-tenn*

604. Sixteen **seksten** *sex-tenn*

605. Seventeen **sytten** *sitt-inn*

606. Eighteen **åtten** *ought-ten*

607. Nineteen **nitten** *neet-ten*

608. Twenty **tjue** *shoe-ah*

609. Thirty **tretti** *trett-ee*

610. One hundred **et hundre**

611. One thousand **en tusen**

612. Ten thousand **ti tusen**

613. One million **en million**

614. One billion     **en milliard**

615. One quarter     **en fjerdedel**

616. One half     **en halv**

617. One tenth     **en tidel**

618. One percent     **en procent**


## In between the hours

619. 9:15 **kvart over ni**
620. 9:30 **halv ti**
621. 9:45 **kvart over halv ni**

## Units of time

622. Minutes **minutter** *meen-noo-tehr*
623. Hours **timer** *teem-er*
624. Days **dager** *dog-her*
625. Weeks **uker** *oo-kerr*

626. Months **måneder** *moh-nedder*

627. Years **år** *oar*

## Clothing

628. I need to put on my clothes.
**Jeg trenger å kle på meg**

629. I am putting on my clothes.
**Jeg setter på meg klærne**

630. I am naked.    **Jeg er naken**

631. I am not ready.    **Jeg er ikke klar**

632. I am dressed.  **Jeg er kledd.**

633. Where are my clothes?
**Hvor er klærne mine?**

634. Hat        **hatt**

635. Sandals    **sandaler**

636. Shoes      **sko**

637. Pants      **bukser**

638. Shorts     **korte bukser**

639. Shirt **skjorte**

640. Blouse **bluse**

641. Skirt **skjørt**

642. Dress **kjole**

643. Bathing suit **badedrakt**

644. Socks **sokker**

645. Scarf **skerf**

646. Jacket **jakke**

647. Coat **frakk**

648. Sweater **genser**

649. Traditional Norwegian sweater **lusekofte**

650. Diaper **bleie**

651. Underwear **undertøy**

652. Bra        **brystholder**

653. Panties        **truser**

654. Briefs        **underbukse**

655. Necklace **halskjede**

656. Ring        **ring**

657. Earrings  **øredobber**

658. Bracelet  **armbånd**

## Personal items and hygiene

659. Would you help me find this?
**Ville du hjelpe meg å finne dette?**

660. Soap          **såpe**

661. Shampoo      **sjampu**

662. Hairbrush     **hårbørste**

663. Toothbrush    **tannbørste**

664. Dental floss    **tanntråd**

665. Deodorant     **deodorant**

666. Towel         **håndkle**

667. Tissue paper   **silkepapir**

668. Bathrobe      **badekåpe**

669. Tampon       **tampong**

670. Panty liner **truseinnlegg**

671. Birth control **prevensjon**

672. Perfume **parfyme**

673. Razor **barberhøvel**

674. Shaving cream **barberskum**

675. Skin moisturizer **fuktighetskrem**

## Telephone and Internet

676. May I use your phone?
   **Kan jeg bruke telefonen din?**

677. It is for a local call.
   **Det er for en lokalsamtale.**

678. Would you call this number for me?
   **Vil du ringe dette nummeret for meg?**

679. My phone is not working. Would you help me?
   **Telefonen min går ikke. Vil du hjelpe meg?**

680. My phone service company is...
   **Telefonenselskapet mitt er ...**

681. Operator, can you help me place a call to this number? The country code is ...
   **Operatør, kan du hjelpe meg å ringe opp dette nummeret? Landskoden er ...**

682. The phone number is …
**Telefonnummeret er...**


683. **My** internet service is not working. How can I get internet on my phone?
**Min internett-tjenesten virker ikke. Hvordan kan jeg få internett på telefonen min?**


684. Do you have a prepay phone I can use?
**Har du slike telefoner jeg kan bruke?**
*Harr doo shleekeh tele-phoner yi kann brook-eh?*

685. I need my phone to make international texts and phone calls.
**Jeg trenger telefonen min for å gjøre internasjonale tekster og telefonsamtaler.**

686. Can you help me access the internet on my phone?
**Kan du hjelpe meg å få tilgang til Internett på telefonen min?**

687. Is there wireless internet here? I would like to use it on my phone.
**Er det trådløst internett her? Jeg ønsker å bruke det på telefonen min.**
*Are deh trode-lest internet harr? Yi unn-skerr oh broo-keh deh poh tele-fon-en meen.*

688. What is the internet password?
**Hva er internett passord?**
*Vah are internet pass-oord?*

## Shopping

689. I am just looking.
**Jeg bare titter.**
*Yi bar-rah tee-terr*

690. I am shopping for something for myself.
**Jeg kjøper noe for meg selv.**

691. How much does this cost?
**Hva koster dette?**

692. This is very nice.
**Dette er veldig snill**

693. I am looking for a gift.
**Jeg ser etter et gave.**

694. It is for a man.
**Det er til en mann**

695. It is for a lady.
**Det er til en dame.**

696. It is for a girl. **Det er til en pike.**

697. It is for a boy. **Det er til en gutt.**

698. May I try this on?
**Kan jeg prøve dette på?**

699. Is there a larger size?
**Er det en større størrelse?**

700. Is there a smaller size?
**Er det en mindre størrelse?**

701. May I pay for this with a credit card?
**Kan jeg betale for dette med et kredittkort?**

702. May I have a receipt?
**Kan jeg få en kvittering?**

703. May I exchange this for something different?
**Kan jeg bytte denne for noe annet?**

704. Is there a sale in this store?
**Er det et salg i denne butikken?**

705. Is this item at a discounted price?
**Er dette elementet til en rabattert pris?**
**Eller tilbud?**

706. Would you haggle for a better price?
**Ville du prute for en bedre pris?**

707. Can I return this if I do not like it?
**Kan jeg returnere dette hvis jeg liker det**
**ikke?**

## Medical Center and Pharmacy

708. I have pain here.
   **Jeg har vondt her.**

709. It has been 3 hours.
   **Det har vært tre timer.**

710. This is not normal for me.
   **Dette er ikke normalt for meg**

711. I need my medicine.
   **Jeg trenger min medisin**

712. I do not have my medicine.
   **Jeg har ikke min medisin**

713. This is a list of my medicines.
   **Dette er en liste over mine medisiner**

714. I have allergies    **Jeg har allergi**

Common conditions:

715. I have asthma. **Jeg har astma**

716. I have high blood pressure
**Jeg har høyt blødtrykk.**

717. I have diabetes mellitus
**Jeg har diabetes mellitus.**

718. I have arthritis.     **Jeg har leddgikt.**

719. I am pregnant.     **Jeg er gravid.**

720. I have epilepsy.
**Jeg har epilepsy.**

## Parts of the body

721. Head    **hode**    *hoo-deh*

722. Eyes    **øyene**    *oy-en-eh*

723. Ears    **ørene**    *uhr-en-eh*

724. Mouth    **munn**    *moon*

725. Nose    **nes**    *ness*

726. Tongue    **tunge**    *toon-geh*

727. Neck    **nakk**    *knock*

728. Back    **rygg**    *rig*

729. Arm    **arm**    *arm*

730. Leg    **bein**    *bine*

731. Hand    **hånd**    *hohnd*

732. Foot    **fot**    *foot*

733. Skin **skjønn** *shun*

734. Stomach / abdomen **magg** *mogg*

735. Fingers **fingerer** *fing-er-rer*

736. Hair **hår** *hore*

737. Toes **tær** *tear*

738. Eyebrows **øyenbrynnene**

739. Beard **skjegg**

740. Moustache **bart**

741. Blond **lyst**

742. Brown **brun**

743. Black **svart**

744. Red **røde**

## Questions for the pharmacist

745. Do you have any medicine for nausea?
**Har du noen form for medisin mot kvalme**

746. Do you have any medicine for headache?
**Har du noen form for medisin for hodepine?**

747. What kind of treatment is there for the cold?
**Hva slags behandling er det for forkjølelsesvirus?**

748. Have you any allergy treatment?
**Har du noen allergi behandling?**

749. Do you have a medicine similar to this?
**Har du noe medicine som er slik dette?**

# Names of stores / business locations

750. Supermarket **dagligvarebuttik**

751. Food market **mat markedet**

752. Convenience store
**nærbutikk**
*Narr boo-teek*

753. Gas station **bensinstasjon**

754. Pharmacy **apotek**

755. Medical clinic **medisinsk klinikk**

756. Hospital **sykehus**

757. Clothing store **klesbutikk**

758. Telephone shop **telefon butikk**

759. Bank **bank**

760. Tobacconist    **tobakks**

761. Pastry shop    **konditori**

762. Gift shop    **gavebutikk**

763. Rental car agency
**leiebil byrå**

764. Travel agency **reisebyrå**

765. Tourist information
**turist informasjon**

766. Taxi **taxi** or **drosje** *(taxi) or drosh-eh*

767. Bus station    **busstasjon**

768. Airport    **flypassen**

769. Customs    **toll**

770. Police station    **politistasjon**

## Emotions

771. I am …   **Jeg er…**

772. I feel…   **Jeg føler…**

773. Angry   **red**

774. Sad   **trist**

775. Happy   **lykkelig, glad**

776. Depressed   **deprimert**

777. Sick   **syk**

778. Tired   **trøtt**

779. Hungry   **sulten**

780. Thirsty   **tørst**

781. Hangover   **bakrus**

## Colors

782. Red     **røde** *ruh-ah*

783. Blue     **blå** *blow*

784. Yellow     **gul** *gool*

785. Green     **grønn** *grunn*

786. Orange     **orange** *orah-nge*

787. Purple     **purpur** *pur-pur*

788. White     **hvit** *veet*

789. Black     **svart** *sv-art*

790. Grey     **gris** *grease*

791. Brown     **brun** *brunn*

## Using the Toilet / WC

792. Where is the shower?
**Hvor er dusjen?**
*Voor are doo-shin?*

793. Where is the toilet?
**Hvor er den WC?**
*Voor are den vay-say?*

794. Urinate        **tisse**   *tee-saa*

795. Defecate       **gå på do**   *go poh doo*

796. Toilet tissue    **toalett papir**

797. Flush the toilet      **Skylle toalettet**

798. Wash your hands    **Vaske hendene**

799. It's broken        **Det går ikke**

800. It's fixed         **Det går**

801. That smells bad     **Den er en dårlig duft!**

## Conversation Samples

802. What is your favorite film?
**Hva er din favoritt film?**

803. What kind of film do you like?
**Hva slags film liker du?**

804. I enjoy comedies.
**Jeg liker komedier.**

805. I like Coen brothers movies, such as Fargo and The Big Lebowski.
**Jeg liker Coen brothers filmer, for eksempel Fargo og The Big Lebowski.**

806. I like Ingmar Bergman films.
**Jeg liker filmer av Ingmar Bergman.**

807. I enjoy action films.
**Jeg liker actionfilmer**

808. I like romantic comedies, such as "Love, Actually".
**Jeg liker romantiske komedier, slik "Love, Actually"**

809. My favorite movie is "Titanic".
**Min favoritt film er "Titanic".**

810. How many times have you seen that movie?
**Hvor mange ganger har du sett den film?**

811. I have seen it only once.
**Jeg har sett den bare en gang.**

812. I have seen it more than 10 times.
**Jeg har sett den ti ganger.**

813. What kind of books do you like to read?
**Hva slags boker liker du til å lese?**

814. I do not read very often.
**Jeg leser ikke ofte.**

815. I like to read mystery novels.
**Jeg liker å lese romaner.**

816. I enjoy reading biographies.
**Jeg liker å lese biografier.**

817. My favorite book is "To Kill a Mockingbird" by Harper Lee.

**Min favoritt bok er "To Kill a Mockingbird" av Harper Lee.**

818. What do you do when you are on vacation?
**Hva gjør du mens du er på ferie?**

819. Sometimes I stay home to read.
**Noen ganger jeg rester hjemme til å lese.**

820. I enjoy going into the country and relaxing.
**Jeg liker å gå inn i landet og avslappende.**

821. Do you stay at your cabin?
**Rester du på hytta di?**

822. Yes, my family has a cabin.  We go fishing, we make food, and we get away from the city.
**Ja, min familie har en hytte. Vi går på fiske, vi lager mat, og vi kommer bort fra byen.**

823. I enjoy following my football club.
**Jeg liker min footballklubb.**

824. My football club is Manchester United.
**Footballklubben min er Man U.**

825. I like to cross country ski.
**Jeg liker å gå på ski.**

826. How many countries have you visited?
**Hvor mange land har du besøkt?**

827. I have visited only 2 or 3 countries.
**Jeg har besøkt bare to eller tre land.**

828. Which countries have you visited?
**Hvilke land har du sett?**

829. I have been to UK and Sweden.
**Jeg har reiste til UK og Sverige.**

830. I have been to France.
**Jeg har reiste til Frankrike.**

831. I have never been away from Norway before.
**Jeg har aldri forlatt Norge før.**

832. I have never left the US before now.
**Jeg har aldri forlatt USA før.**

833. I have been to many countries.
**Jeg har besøkt mange land.**

834. If you could visit anywhere in the world, where would that be?
**Hvis du kunne gå hvor som helst i verden, hvor ville det være?**

835. What is your goal after school?
**Hva skal du gjøre etter skole?**

836. What would you like to do when you grow up?
**Hva ville du jobbe når du vokser deg opp?**

837. Do you enjoy your job?
**Liker du jobben din?**

838. What kind of job would you rather do?
**Hva slags job ville du?**

839. I would rather be a politician.
**Jeg vil gjerne bli en politiker.**

840. When do people finish school in Norway?
**Når blir folk ferdig med skole i Norge?**

841. Almost everyone goes to school until age 19.
**Nesten alle går på skolen til 19 år gammel.**

842. How often do Norwegians go to the University?
**Hvor ofte går Nordmenn til Universitetet?**

843. About 25% attend college after secondary school.
**Cirka 25 procent.**

844. Is it common for immigrants to come to Norway?
**Er det vanlig for innvandrene å komme til Norge?**

845. There are many immigrants from Poland, Sweden, Lithuania, Somalia and Pakistan.
**Det er innvandrene fra Polen, Sverige,**

**Lituaen, Somalia og Pakistan.**

846. Is it difficult to become a Norwegian citizen?
**Er det vanskelig å bli norsk statsborger?**

847. In order to become a Norwegian citizen, one must live here several years and study the language.
**For å kunne bli norsk statsborger, må man leve her flere år og studere språket.**

848. If you could be born in a different time, which time would that be?
**Hvis du kunne bli født i en annen tid, hvilken tid ville det være?**

849. Ancient Greece or Rome.
**Antikkens Hellas eller Roma**.

850. The middle ages.
**Middelalderen**

851. The Renaissance.   **Renessansen**

852. The time of the French revolution.
**Tidspunktet for den franske revolusjon**

853. The 19<sup>th</sup> century.    **Det 19. århundre**

854. Before World War 2
**Før den annen verdenskieg.**

855. Now is fine with me.
**Nå er greit for meg**

856. Ten years from now.
**Ti år fra nå.**

857. Do you care about the environment?
**Bryr du deg om miljøet?**

858. What do you do to keep the environment healthy?
**Hva gjør du for å holde miljøet sunt?**

859. Where does the trash go in Norway?
**Hvor kommer søpla går i Norge?**

860. Do you recycle in Norway?
**Trenger du resirkulere i Norge?**

861.How many people own a car in Norway?
**Hvor mange mennesker eier en bil i Norge?**

862. I have heard that the price of gasoline is higher in Norway.  How much is a gallon of gas?
**Jeg har hørt at prisen på bensin er høyere i Norge.  Hvor mye koster en gallon av bensin koste?**

863. There are 3.4 liters in a gallon.  Therefore, one gallon of gas costs about 52 kroner, which is about $8.50.
**Det er 3,4 liter i en gallon. Derfor, en gallon av gass koster $ 8,50.**

864. How much does gasoline cost where you come from?
**Hvor mye koster bensin koster hvor du kommer fra?**

865. In the USA, gas costs about $3 per gallon.
**I USA, bensin koster circa $ 3 hver gallon.**

866. Why is Norway so expensive?
**Hvorfor er det så dyrt i Norge?**

867. Taxes are higher in Norway, and things that are imported have a duty.
**Avgifter er høyere i Norge, og ting som importeres har en plikt.**

868. It is expensive to live in Norway, but people have higher incomes.
**Det er dyrt å leve i Norge, men folk har store inntekter.**

869. How do people in Norway live with disabilities?
**Hvordan lever folk med funksjonshemminger i Norge?**

870. Social support programs help pay for housing, food and transportation.
**Sosiale støtteprogrammer hjelpe betale for bolig, mat og transport.**

871. Sometimes, people take advantage of these programs.
**Noen ganger folk dra nytte av disse programmene.**

872. Norway is fortunate to be a wealthy country that cares dearly for the well-being of its people.
**Norge er så heldige å være et rikt land som bryr seg dyrt for trivsel av sitt folk.**

873. Who is your favorite American president?
**Hvem er din favoritt amerikansk president?**

874. I do not know any American presidents.
**Jeg kjenner ikke noe amerikanske presidenter.**

875. I liked President Clinton.
**Jeg likte President Clinton.**

876. I enjoyed President Bush.
**Jeg likte President Bush.**

877. Which one?  The father or the son?
**Hvilken?  Den far eller den sønn?**

878. I think the father / the son was the better president.
**Jeg synes den far / den sønn var bedre.**

879. I like President Obama.
**Jeg liker President Obama.**

880. Do Norwegians need to serve in the Army?
**Må Nordmenn tjenestegjøre i hæren?**

881. Yes, Norwegian men must be prepared to serve in the Army, although participation is voluntary.
**Ja, må norske menn være forberedt på å tjenestegjøre i hæren, selv om deltakelsen er frivillig.**

882. How long is the training in the Army?
**Hvor lenge er det trening i hæren?**

883. It depends on what kind of service the soldier will do.
**Det kommer an på hva slags tjeneste**

**soldaten vil gjøre.**

884. What kinds of things do people do in the Norwegian Army?
**Hva slags ting til folk gjør i den norske hæren?**

885. They learn to defend the country and sometimes they serve on peacekeeping missions.
**De lærer å forsvare landet og noen ganger de tjener på fredsbevarende oppdrag.**

886. Do Norwegians leave the country when they are in the Army?
**Har nordmenn forlate landet når de er i hæren?**

887. Yes, they have been to Afghanistan recently.
**Ja de har vært i Afghanistan i det siste.**

888. Are there any places in the world that remind you of Norway?
**Er det noe land i verden som minner deg om Norge?**

# Index

| | | |
|---|---|---|
| beard | 739 | skjegg |
| because | 112 | fordi |
| bed | 435 | seng |
| beef | 479 | biff |
| beer | 470 | øl |
| beneath | 280 | under |
| bicycle | 346 | sykkel |
| big | 252 | stor |
| bill | 428 | regningen |
| black | 743 | svart |
| blond | 741 | lyst |
| blouse | 640 | bluse |
| blue | 783 | blå |
| blueberry | 491 | blåbær |
| bread | 505 | brød |
| broccoli | 499 | brokkoli |
| brown | 742 | brun |
| business | 351 | virksomhet |
| but | 110 | men |
| by | 273 | ved |
| cabin | 821 | hytte |
| car | 861 | bil |
| card | | kort |
| carrots | 495 | gulrøter |
| case | 209 | sake |
| cash | 335 | kontant |
| cauliflower | 500 | blomkål |
| chair | 387 | stol |
| change | 336 | småpenger |
| change | 525 | endring |
| cheap | | billig |
| cheese | 502 | ost |
| chemistry | 366 | kjemi |
| chicken | 480 | kylling |
| city | 822 | by |
| clock | 81 | klokke |
| clothes | 629 | klærne |

122

| | | |
|---|---|---|
| cloudy | 568 | overskyet |
| coat | 647 | frakk |
| cold | 395 | kaldt |
| cold | 566 | kaldt |
| common | 844 | vanlig |
| cook | 361 | kokk |
| corn | 496 | mais |
| could | 158 | kunne |
| country | 827 | land |
| credit card | 452 | kredittkort |
| customs | 333 | toll |
| customs | 769 | toll |
| danger | 328 | fare |
| dark | | mørkt |
| date | 588 | dato |
| daughter | 33 | dotter |
| days | 624 | dager |
| degrees | | grader |
| depressed | 776 | deprimert |
| diaper | 650 | bleie |
| different | 254 | forskellig |
| difficult | 846 | vanskelig |
| discount | 705 | tilbud |
| doctor | 355 | lege |
| dress | 642 | kjøle |
| early | 258 | tidlig |
| earrings | 657 | øredobber |
| ears | 723 | ørene |
| east | 342 | øst |
| entertainment | 526 | underholdning |
| entrance | 325 | inngang |
| environment | 857 | miljøet |
| evening | 85 | kveld |
| event | 418 | hendelse |
| example | 805 | eksempel |
| exchange | 424 | bytte |
| exit | 326 | utgang |

123

| | | |
|---|---|---|
| expensive | 866 | dyrt |
| eyes | 722 | øyene |
| fact | 215 | faktisk |
| family | 29 | familie |
| far | 340 | lang |
| father | 42 | far |
| few | 261 | noen |
| finish | 577 | slutte |
| first | 243 | første |
| fish | 482 | fisk |
| flight | 533 | fly |
| food | 463 | mat |
| foot | 732 | fot |
| for | 269 | for |
| for | 100 | for |
| forbidden | 329 | forbudt |
| foreigner | 88 | utlending |
| free | 542 | gratis |
| Friday | 584 | fredag |
| friend | 39 | venn |
| from | 113 | fra |
| from | 274 | fra |
| fruit | 485 | frukt |
| gasoline | 753 | bensin |
| glasses | 391 | briller |
| good | 156 | god |
| good | 241 | god |
| gov't | 211 | regjering |
| great | 246 | stor |
| green | 785 | grønn |
| grey | 790 | gris |
| group | 213 | grupp |
| hair | 736 | har |
| half | 620 | halv |
| hand | 731 | hånd |
| hangover | 781 | bakrus |
| happy | 775 | glad |

| | | |
|---|---:|---|
| hat | 634 | hatt |
| have | 97 | har |
| he | 104 | han |
| head | 721 | hode |
| health | 375 | helse |
| her | 117 | hun |
| hi | 3 | hei |
| high | 253 | høy |
| his | 111 | hans |
| hot | 565 | varmt |
| hours | 623 | timer |
| housing | 870 | bolig |
| hungry | 779 | sulten |
| husband | 30 | mann |
| I | 98 | jeg |
| if | 132 | si |
| immediately | | med en gang |
| immigrant | 845 | innvandren |
| important | 260 | viktig |
| in | 95 | i |
| in | 268 | i |
| income | 868 | inntekt |
| interest | 433 | lyst |
| into | 150 | inn |
| it | 99 | det |
| jacket | 646 | jakke |
| jail | 562 | fengsel |
| juice | 473 | jus |
| just | 145 | bare |
| key | 446 | nøkkele |
| kick | 402 | spark |
| kinds | 803 | slags |
| know | 147 | kjenner |
| large | 256 | stor |
| last | 244 | sist |
| lately | 887 | i det siste |
| lawyer | 354 | advokat |

125

| | | |
|---|---|---|
| left | | venstre |
| leg | 730 | bein |
| less | 316 | mindre |
| life | 200 | liv |
| light | | lys |
| little | 247 | lite |
| long | 245 | lang |
| lucky | 872 | heldig |
| luggage | 332 | bagasje |
| many | 322 | mange |
| many times | 810 | mange ganger |
| map | | kart |
| meat | 478 | kjøtt |
| medicine | 712 | medisin |
| menu | 465 | meny |
| milk | 474 | melk |
| minutes | 622 | minutter |
| mission | 885 | oppdrag |
| mistake | 73 | feil |
| Monday | 580 | mandag |
| money | | penger |
| months | 626 | måneder |
| most | 190 | mest |
| mother | 43 | mor |
| mouth | 724 | munn |
| movie | 350 | film |
| my | 122 | min |
| nearby | 456 | nærhete |
| neck | 727 | nakk |
| never | 65 | aldri |
| never | | ingen |
| new | 183 | ny |
| new | 242 | ny |
| next | 257 | neste |
| nice | 15 | hyggelig |
| nice | 578 | fint |
| night | 8 | natt |

| | | |
|---|---|---|
| no | 63 | nei |
| north | 344 | nord |
| nose | 725 | nes |
| not | 64 | ikke |
| not | 101 | ikke |
| nothing | | ingen ting |
| nothing | 320 | ingen |
| now | 164 | nå |
| nuts | 507 | nøtter |
| of | 92 | til |
| of | 267 | av |
| office | 352 | kontor |
| often | 814 | ofte |
| old | 250 | gammel |
| on | 102 | på |
| one | 123 | en |
| one time | 811 | en gang |
| onions | 501 | løk |
| only | 166 | bare |
| or | 119 | eller |
| or | 299 | eller |
| orange | 487 | appelsinn |
| other | 161 | andre |
| other | 249 | annen |
| our | 177 | vår |
| out | 131 | ut |
| own | 248 | egen |
| page | | side |
| pain | 708 | vondt |
| pants | 637 | bukser |
| paper | 796 | papir |
| part | 202 | del |
| passport | 334 | pass |
| peanuts | 508 | peanøtter |
| pear | 488 | pære |
| penalty | 406 | straff |
| people | 149 | mennesker |

| | | |
|---|---|---|
| people | | mennesker |
| people | | folk |
| persons | 464 | personer |
| pharmacy | 754 | apotek |
| place | 529 | sted |
| please | 67 | vær så snill |
| point | 210 | punkt |
| police | 549 | politi |
| pork | 483 | svin |
| porridge | 512 | rømmegrøt |
| possible | | muglig |
| potatoes | 494 | poteter |
| pregnant | 719 | gravid |
| problem | 214 | problem |
| public | 262 | offentlig |
| purple | 786 | purpur |
| quarter | 615 | fjerdedel |
| quarter hour | 619 | kvart |
| rain | 398 | regn |
| raspberry | 492 | bringebær |
| really | 71 | sier du det |
| receipt | 426 | kvittering |
| recycle | 860 | resirkulere |
| red | 744 | røde |
| relatives | 35 | slektinger |
| rental car | 763 | leiebil |
| retired | 365 | pensjønert |
| rice | 506 | ris |
| right | 251 | riktig |
| right | | høyre |
| sad | 774 | tryst |
| salad | 484 | salat |
| sale | 704 | salg |
| salesperson | 358 | selger |
| salmon | 511 | laks |
| same | 264 | samme |
| sand | 381 | sand |

128

| Saturday | 585 | lørdag |
| say | 116 | si |
| scarf | 645 | skerf |
| school | 840 | skole |
| science | | vitenskap |
| security | 560 | sikkerhet |
| service | 883 | tjeneste |
| several | 321 | flere |
| shampoo | 661 | sjampu |
| she | 118 | hun |
| shelter | 573 | lyst |
| shoes | 636 | sko |
| shop | 348 | butikk |
| shower | 792 | dusj |
| shrimp | 481 | reker |
| sick | 777 | syk |
| side | | side |
| similar | 749 | slik |
| sit | 380 | sitte |
| ski | 411 | ski |
| skin | 733 | skonn |
| small | 255 | lite |
| smell | 801 | duft |
| so | 129 | så |
| soap | 660 | såpe |
| soda | 472 | brus |
| some | 157 | noen |
| son | 32 | sonn |
| sorry | 28 | beklager |
| south | 345 | sor |
| speak | 87 | snakke |
| spices | 504 | krydder |
| spinach | 498 | spinat |
| stomach | 734 | magg |
| stone | 397 | stein |
| store | 757 | butikk |
| strawberry | 490 | jordbær |

129

| | | |
|---|---|---|
| sun | 569 | sol |
| Sunday | 586 | sondag |
| sweater | 648 | genser |
| swimsuit | 388 | badedrakt |
| tax | 427 | skatt |
| temperature | 574 | temperature |
| than | 162 | enn |
| thank you | 68 | takk |
| that | 96 | det |
| the | 89 | det |
| their | 127 | deres |
| them | 159 | dem |
| then | 163 | deretter |
| there | 126 | der |
| they | 114 | de |
| they | 296 | de |
| thing | 197 | ting |
| thing | 858 | ting |
| thirsty | 780 | tørst |
| this | 109 | dette |
| Thursday | 583 | torsdag |
| ticket | 539 | billet |
| time | 143 | tid |
| time | 192 | tid |
| tired | 778 | trøtt |
| to | 91 | til |
| to | 266 | til |
| to ask | 233 | å spørre |
| to be | 216 | å vaere |
| to become | 240 | å bli |
| to buy | 690 | å kjøpe |
| to call | 239 | å kalle |
| to come | 226 | å komme |
| to describe | 475 | å beskrive |
| to do | 218 | å gjøre |
| to drink | 467 | å drikke |
| to eat | 468 | å spise |

| | | |
|---|---|---|
| to feel | 236 | å føle |
| to find | 231 | å finne |
| to flush | 797 | å skylle |
| to get | 220 | å fa |
| to give | 229 | å gi |
| to go | 222 | å gå |
| to haggle | 706 | prute |
| to happen | | å skje |
| to have | 217 | å ha |
| to know | 223 | å vise |
| to leave | 238 | å dra |
| to loan | | å låne |
| to look | 225 | å se |
| to make | 221 | å lage |
| to miss | 536 | å savne |
| to need | 441 | å trenge |
| to open | 429 | å åpne |
| to own | 861 | å eie |
| to read | 813 | å lese |
| to say | 219 | å si |
| to see | 225 | å se |
| to seem | 235 | å syne |
| to take | 224 | å ta |
| to tell | 232 | å fortelle |
| to tell | 420 | fortelle |
| to think | 227 | å tenke |
| to try | 237 | å prøve |
| to use | 230 | a bruke |
| to want | 228 | å ville |
| to wash | 798 | å vaske |
| to work | 234 | å jobbe |
| today | 82 | i dag |
| tommorrow | 83 | i moro |
| toothbrush | 662 | tannbårste |
| towel | 665 | håndkle |
| training | 882 | trening |
| trash | 859 | søpla |

131

| | | |
|---|---|---|
| travel | 349 | reise |
| treatment | 748 | behandling |
| treats | 394 | godbiter |
| tree | 385 | tre |
| truly | 155 | virkelig |
| Tuesday | 581 | tirsdag |
| umbrella | 390 | paraply |
| underwear | 651 | undertøy |
| up | 130 | opp |
| us | 191 | oss |
| usually | | vanligvis |
| vacation | 818 | ferie |
| vegetables | 493 | grønnsaker |
| voluntary | 881 | frivillig |
| wager | 419 | innsats |
| walnuts | 509 | valnøtter |
| water | 382 | vann |
| waves | 383 | bølger |
| way | 180 | vei |
| we | 115 | vi |
| weather | 565 | været |
| Wednesday | 582 | onsdag |
| weeks | 625 | uker |
| well | 179 | godt |
| west | 343 | vest |
| what | 75 | hva |
| what | 128 | hva |
| when | 76 | når |
| when | 139 | når |
| where | 74 | hvor |
| which | 80 | hvilket |
| while | | mens |
| white | 788 | hvit |
| who | 134 | hvem |
| wife | 31 | kone |
| will | 121 | vil |
| win | 418 | vinne |

| | | |
|---|---:|---|
| wind | 570 | blåse |
| wine | 471 | vin |
| with | 103 | med |
| with | 271 | med |
| woman | 205 | kvinne |
| work | 178 | arbeid |
| world | 199 | jorda |
| would | 125 | ville |
| year | 151 | år |
| years | 627 | år |
| yellow | 784 | gul |
| yes | 62 | ja |
| yesterday | 84 | i går |
| yogurt | 503 | yoghurt |
| you | 106 | du |
| young | 259 | unge |
| yours | 152 | din |

| Norsk | English | Entry # |
|---|---:|---|
| advokat | Lawyer | 354 |
| aldri | Never | 65 |
| alle | All | 124 |
| allergi | Allergies | 714 |
| alltid | Always | 66 |
| andre | Other | 161 |
| annen | Other | 249 |
| åpne | to open | 429 |
| apotek | Pharmacy | 754 |
| appelsinn | Orange | 487 |
| år | Year | 151 |
| år | Years | 627 |
| arbeid | Work | 178 |
| arm | Arm | 729 |
| av | Of | 267 |

133

134

| | | |
|---|---|---|
| bytte | exchange | 424 |
| cirka | approximately | 843 |
| dager | days | 624 |
| dårlig | bad | 263 |
| dato | date | 588 |
| de | they | 114 |
| de | they | 296 |
| del | part | 202 |
| dem | Them | 159 |
| deprimert | Depressed | 776 |
| der | There | 126 |
| deres | Their | 127 |
| deretter | Then | 163 |
| det | It | 99 |
| det | That | 96 |
| det | The | 89 |
| dette | This | 109 |
| din | Yours | 152 |
| dotter | Daughter | 33 |
| dra | to leave | 238 |
| drikke | to drink | 467 |
| duft | Smell | 801 |
| dusj | Shower | 792 |
| dyrt | Expensive | 866 |
| egen | Own | 248 |
| eie | to own | 861 |
| eksempel | Example | 805 |
| eller | Or | 119 |
| eller | Or | 299 |
| en | A | 94 |
| en | One | 123 |
| en gang | one time | 811 |
| endring | Change | 525 |
| enn | than | 162 |
| eple | Apple | 486 |
| er | Be | 90 |
| et | And | 93 |

| etter | After | 173 |
|---|---|---|
| få | to get | 220 |
| faktisk | Actually | |
| faktisk | Fact | 215 |
| familie | Family | 29 |
| far | Father | 42 |
| fare | danger | 328 |
| feil | mistake | 73 |
| fengsel | jail | 562 |
| ferie | vacation | 818 |
| film | movie | 350 |
| finne | to find | 231 |
| fint | nice | 578 |
| fisk | fish | 482 |
| fjerdedel | quarter | 615 |
| flere | several | 321 |
| fly | flight | 533 |
| flyplass | airport | 530 |
| flyselskap | airline | 534 |
| føle | to feel | 236 |
| folk | people | |
| for | for | 269 |
| før | before | |
| forbudt | forbidden | 329 |
| fordi | because | 112 |
| forskellig | different | 254 |
| forste | first | 243 |
| fortelle | to tell | 420 |
| fot | foot | 732 |
| fra | from | 113 |
| fra | from | 274 |
| frakk | coat | 647 |
| fredag | Friday | 584 |
| frivillig | voluntary | 881 |
| frukt | fruit | 485 |
| gå | to go | 222 |
| gammel | old | 250 |

| genser | sweater | 648 |
| --- | --- | --- |
| gi | to give | 229 |
| gjør | you | 106 |
| gjøre | to do | 218 |
| glad | Happy | 775 |
| god | Good | 156 |
| god | Good | 241 |
| godbiter | Treats | 394 |
| godt | Well | 179 |
| grader | Degrees | |
| gratis | Free | 542 |
| gravid | Pregnant | 719 |
| gris | Grey | 790 |
| grønn | Green | 785 |
| grønnsaker | Vegetables | 493 |
| grupp | Group | 213 |
| gul | Yellow | 784 |
| gulroter | Carrots | 495 |
| ha | to have | 217 |
| hæren | Army | 880 |
| halv | Half | 620 |
| han | He | 104 |
| hånd | Hand | 731 |
| håndkle | Towel | 665 |
| hans | His | 111 |
| hår | Hair | 736 |
| har | Have | 97 |
| hatt | Hat | 634 |
| hei | Hi | 3 |
| heldig | Lucky | 872 |
| helse | Health | 375 |
| hendelse | Event | 418 |
| hode | Head | 721 |
| høy | High | 253 |
| høyre | Right | |
| hun | Her | 117 |
| hun | She | 118 |

| hva | What | 75 |
|---|---|---|
| hva | What | 128 |
| hvem | who | 134 |
| hvilket | which | 80 |
| hvit | white | 788 |
| hvor | where | 74 |
| hyggelig | nice | 15 |
| hytte | cabin | 821 |
| i | in | 268 |
| I dag | today | 82 |
| I det siste | lately | 887 |
| I går | yesterday | 84 |
| I moro | tommorrow | 83 |
| ikke | not | 64 |
| ikke | not | 101 |
| ingen | nothing | 320 |
| ingen | never | |
| ingen ting | nothing | |
| inn | into | 150 |
| inngang | entrance | 325 |
| innsats | wager | 419 |
| inntekt | income | 868 |
| innvandren | immigrant | 845 |
| ja | yes | 62 |
| jakke | jacket | 646 |
| jeg | I | 98 |
| jobbe | to work | 234 |
| jorda | world | 199 |
| jordbær | strawberry | 490 |
| jus | juice | 473 |
| kaldt | cold | 395 |
| kaldt | cold | 566 |
| kalle | to call | 239 |
| kart | map | |
| kjemi | chemistry | 366 |
| kjenner | know | 147 |
| kjole | dress | 642 |

| | | |
|---|---:|---:|
| kjøpe | to buy | 690 |
| kjøtt | Meat | 478 |
| klærne | Clothes | 629 |
| klokke | Clock | 81 |
| kokk | Cook | 361 |
| komme | to come | 226 |
| kone | Wife | 31 |
| kontant | Cash | 335 |
| konto | Account | 429 |
| kontor | Office | 352 |
| kort | Card | |
| kredittkort | credit card | 452 |
| krydder | Spices | 504 |
| kunne | Could | 158 |
| kvart | quarter hour | 619 |
| kveld | Evening | 85 |
| kvinne | Woman | 205 |
| kvittering | Receipt | 426 |
| kylling | Chicken | 480 |
| lage | to make | 221 |
| laks | Salmon | 511 |
| land | Country | 827 |
| låne | to loan | |
| lang | Far | 340 |
| lang | Long | 245 |
| lege | Doctor | 355 |
| leiebil | rental car | 763 |
| lese | to read | 813 |
| lite | Little | 247 |
| lite | Small | 255 |
| liv | Life | 200 |
| løk | Onions | 501 |
| lørdag | Saturday | 585 |
| lys | Light | |
| lyst | Blond | 741 |
| lyst | interest | 433 |
| ly | shelter | 573 |

| magg | stomach | 734 |
| mais | corn | 496 |
| mandag | Monday | 580 |
| mandler | almonds | 510 |
| måneder | months | 626 |
| mange | many | 322 |
| mange ganger | many times | 810 |
| mann | husband | 30 |
| masse | a lot | 319 |
| mat | food | 463 |
| med | with | 103 |
| med | with | 271 |
| med en gang | immediately | |
| medisin | medicine | 712 |
| melk | milk | 474 |
| men | but | 110 |
| mennesker | people | 149 |
| mennesker | people | |
| mens | while | |
| meny | menu | 465 |
| mest | most | 190 |
| miljøet | environment | 857 |
| min | my | 122 |
| mindre | less | 316 |
| minutter | minutes | 622 |
| mor | mother | 43 |
| mørkt | dark | |
| muglig | possible | |
| munn | mouth | 724 |
| nå | now | 164 |
| nærhete | nearby | 456 |
| nakk | neck | 727 |
| når | when | 76 |
| når | When | 139 |
| natt | Night | 8 |
| nei | No | 63 |
| nes | Nose | 725 |

140

| neste | Next | 257 |
| noen | Any | 186 |
| noen | Few | 261 |
| noen | Some | 157 |
| nøkkele | Key | 446 |
| nord | North | 344 |
| nøtter | Nuts | 507 |
| ny | New | 183 |
| nyhet | News | |
| øst | East | 342 |
| offentlig | Public | 262 |
| ofte | Often | 814 |
| også | Also | 171 |
| øl | Beer | 470 |
| om | About | 133 |
| onsdag | Wednesday | 582 |
| opp | Up | 130 |
| oppdrag | Mission | 885 |
| øredobber | Earrings | 657 |
| ørene | Ears | 723 |
| oss | Us | 191 |
| ost | Cheese | 502 |
| overfor | Above | 282 |
| overskyet | Cloudy | 568 |
| øyene | Eyes | 722 |
| på | At | 108 |
| på | At | 272 |
| på | On | 102 |
| pære | Pear | 488 |
| papir | Paper | 796 |
| paraply | Umbrella | 390 |
| pass | passport | 334 |
| peanøtter | peanuts | 508 |
| penger | money | |
| pensjonert | retired | 365 |
| personer | persons | 464 |
| politi | police | 549 |

| | | |
|---|---|---|
| poteter | potatoes | 494 |
| problem | problem | 214 |
| prøve | to try | 237 |
| prute | to haggle | 706 |
| punkt | point | 210 |
| purpur | purple | 786 |
| redd | angry | 773 |
| regjering | gov't | 211 |
| regn | rain | 398 |
| regningen | bill | 428 |
| reise | travel | 349 |
| reker | shrimp | 481 |
| resirkulere | recycle | 860 |
| riktig | right | 251 |
| ris | rice | 506 |
| røde | red | 744 |
| rømmegrøt | porridge | 512 |
| rygg | back | 728 |
| så | so | 129 |
| sake | case | 209 |
| salat | salad | 484 |
| salg | sale | 704 |
| samme | same | 264 |
| sand | sand | 381 |
| såpe | soap | 660 |
| savne | to miss | 536 |
| se | to look | 225 |
| se | to see | 225 |
| selger | salesperson | 358 |
| seng | Bed | 435 |
| si | If | 132 |
| si | to say | 219 |
| si | Say | 116 |
| side | Page | |
| side | Side | |
| sier du det | Really | 71 |
| sikkerhet | Security | 560 |

| | | |
|---|---|---|
| sist | Last | 244 |
| sitte | Sit | 380 |
| sjampu | Shampoo | 661 |
| skatt | Tax | 427 |
| skerf | Scarf | 645 |
| ski | Ski | 411 |
| skje | to happen | |
| skjegg | Beard | 739 |
| sko | Shoes | 636 |
| skole | School | 840 |
| skønn | Skin | 733 |
| skylle | to flush | 797 |
| slags | Kinds | 803 |
| slektinger | Relatives | 35 |
| slik | Similar | 749 |
| slutte | Finish | 577 |
| småpenger | Change | 336 |
| snakke | Speak | 87 |
| sol | Sun | 569 |
| som | As | 105 |
| søndag | Sunday | 586 |
| sønn | Son | 32 |
| søpla | Trash | 859 |
| sør | South | 345 |
| spark | Kick | 402 |
| spinat | Spinach | 498 |
| spise | to eat | 468 |
| spørre | to ask | 233 |
| stand | able | 265 |
| sted | place | 529 |
| stein | stone | 397 |
| stol | chair | 387 |
| stor | big | 252 |
| stor | great | 246 |
| stor | large | 256 |
| straff | penalty | 406 |
| strand | beach | 337 |

| | | |
|---|---|---|
| sulten | hungry | 779 |
| svart | black | 743 |
| svin | pork | 483 |
| syk | sick | 777 |
| sykkel | bicycle | 346 |
| syne | to seem | 235 |
| ta | to take | 224 |
| takk | thank you | 68 |
| tannbørste | toothbrush | 662 |
| temperature | temperature | 574 |
| tenke | to think | 227 |
| tid | time | 143 |
| tid | time | 192 |
| tidlig | early | 258 |
| til | of | 92 |
| til | to | 266 |
| tilbud | discount | 705 |
| timer | hours | 623 |
| ting | thing | 197 |
| ting | thing | 858 |
| tirsdag | Tuesday | 581 |
| tjeneste | service | 883 |
| toll | customs | 333 |
| toll | customs | 769 |
| torsdag | Thursday | 583 |
| tørst | Thirsty | 780 |
| tre | Tree | 385 |
| trenge | to need | 441 |
| trening | Training | 882 |
| trøtt | Tired | 778 |
| tryst | Sad | 774 |
| uker | Weeks | 625 |
| under | Beneath | 280 |
| underholdning | Entertainment | 526 |
| undertøy | Underwear | 651 |
| unge | Young | 259 |
| ut | Out | 131 |

| | | |
|---|---|---|
| utgang | Exit | 326 |
| utlending | Foreigner | 88 |
| vær sa snill | Please | 67 |
| være | to be | 216 |
| været | Weather | 565 |
| valnotter | Walnuts | 509 |
| vanlig | Common | 844 |
| vanligvis | Usually | |
| vann | Water | 382 |
| vanskelig | Difficult | 846 |
| var | Our | 177 |
| varmt | Hot | 565 |
| vaske | to wash | 798 |
| ved | By | 273 |
| vei | Way | 180 |
| venn | Friend | 39 |
| venstre | Left | |
| vest | West | 343 |
| vi | We | 115 |
| viktig | Important | 260 |
| vil | Will | 121 |
| ville | to want | 228 |
| ville | Would | 125 |
| vin | wine | 471 |
| vinne | win | 418 |
| virkelig | truly | 155 |
| virksomhet | business | 351 |
| vise | to know | 223 |
| vitenskap | science | |
| vondt | pain | 708 |
| WC | bathroom | 793 |
| yoghurt | yogurt | 503 |

Made in the USA
Lexington, KY
11 December 2016